LE CHEMIN DE L'HONNEVR,

IEV D'ARMOIRIES;

Dedié à S. A. E. Monseigneur le Prince de Baviere.

A LYON,

chez BENOIST CORAL, ruë Merciere
à la Victoire.

M. DC. LXXII.

Auec priuilege du Roy.

A MONSEIGNEVR,

MAXIMILIEN EMANVEL,

PRINCE ELECTORAL DE BAVIERE,

Fils de son Altesse Electorale,

MONSEIGNEVR FERDINAND MARIE,

Duc des deux Bavieres & du Haut Palatinat; Comte Palatin du Rhein, Prince de l'Empire Romain, Landgrave de Leichtemberg, &c.

MONSEIGNEVR,

Le chemin de l'honneur est la route que vos Ancestres ont tenuë

pour marquer à vostre Altesse Electorale celle qu'elle deuoit tenir. La
disposition qu'elle a pour la Vertu &
pour les belles actions, nous promet
qu'elle ira aussi auant que ces Heros
sont allez, & qu'elle remettra vn
iour dans sa famille vne dignité
que l'on y a vûe autrefois. La for-
tune qui luy presente le monde en
image en ses armoiries la destine à
le gouuerner, & l'education qu'elle
reçoit d'vn Pere & d'vne Mere,
qui luy inspirent des sentimens
dignes de sa haute naissance, nous
fait attendre d'elle des actions peu
communes. I'admiray MONSEI-
GNEVR la viuacité de vostre esprit,
& la solidité de vostre iugement
dans ces réponses aussi sages qu'in-
genieu

genieuses, que vostre Altesse don-
na aux demandés que ie luy faisois
par les ordres de Madame la Du-
chesse Electorale. Vous voyant
auec Madame la Princesse vostre
Sœur à ses costez, ie la considerois
comme cette Ancienne Deesse que
les Poëtes ont fait mere d'Apollon
& de Diane. Les diuerses langues
que vous parliez l'vn & l'autre
auec tant de grace, & les belles
choses que vous me dites me per-
suaderent de ce rapport. Apres vn
voyage assez long où i'auois vû vne
partie de l'Europe, ie fus obligé
d'auoüer que ie n'auois rien vû de
si merveilleux que vos Altesses, &
que Schleissen n'estoit pas moins
glorieux que l'Isle de Delos, ny

A 3

EPISTRE.

Munich moins illustre que l'ancienne Grece qui eut tant de Heros,
& de diuinitez sçauantes.

Ce n'est qu'vn jeu que ie presente à V. A. mais ce jeu est l'image
d'vn autre que vos ancestres n'ont
pas iugé indigne de leurs soins; ie
veux dire des Tournois, & de ces
divertissemens militaires où l'ad-
dresse & la valeur s'exercent, & se
disposent à de veritables combats.
Ce furent les premiers Heros qui
establirent ces jeux dans la Grece,
les Romains les pratiquerent apres
eux, & vn Empereur les renou-
vella en Allemagne pour entretenir
la Noblesse, & pour la rendre plus
adroite en tous les exercices de la
guerre. Icy V. A. apprendra ce qui
fait

EPISTRE.

fait les marques d'honneur de tou-
tes les nations de l'Europe, & si
Palamede inuenta le jeu des Echecs
au siege de Troye, pour delasser les
chefs des troupes qui assiegerent
cette ville, & pour leur apprendre
en les diuertissant les ruses qui se
pratiquent à la guerre, vous ne
ferez rien qui soit indigne du rang
que vous tenez dans le monde
quãd vous donnerez quelques heu-
res à ce divertissement. Ce peut estre
vn delassement honeste de vos appli-
cations à l'estude, & ie m'estime-
ray heureux si V. A. se souuient
quelquefois en se diuertissant qu'elle a iusques au cœur de la France
des personnes qui la reuerent, &
entre les admirateurs de ses quali-
tez

EPISTRE.

litez heroïques vn adorateur reſpe-
ctueux, qui fera toûjours gloire de
publier qu'il eſt,

MONSEIGNEVR,

De V. A. E.

Tres-humble, tres-obeïſſant,
& tres fidelle ſerviteur
M. I.

LE CHEMIN
DE L'HONNEVR,
IEV D'ARMOIRIES.

CE Ieu qui eſt vne imitation du Ieu de L'oye ; pour apprendre le Blaſon en ſe divertiſſant, repreſente la pluſpart des Figures , qui entrent en Armoiries avec les Marques d'honneur des Principales dignitez de l'Egliſe , de la Robe, & de l'Eſpée , qui ſont les voyes les plus ordinaires par leſquelles la Nobleſſe, & les Armoiries s'acquierent.

Il eſt de forme ovale en evolution pour apprendre que c'eſt des Tournois,& des anciens jeux du Cirque , que les deviſes, les livrées, & le Blaſon nous ſont venus. C'eſt ce que marque encore ce Cavalier armé pour le Tournoy, qui eſt au milieu de la lice.

Les quatre voyes par leſquelles on peut acquerir les Armoiries, y ſont auſſi exprimées. La ſucceſſion par cette evolution en ovale, qui repreſente la deſ-

cendance

cendance de Pere à fils des familles No-
bles. L'entrée aux dignitez , la guerre,
& le bien-fait du Prince.

I.   On joüe avec deux Dez , qui au
lieu des points ordinaires, font marquez
des Emaux du Blafon diftribuez en leur
fix Fafces , afin que jettant metal & couleur , on puifle entrer dans le chemin de
l'honneur , & blafonner les armoiries
qui fe trouvent de mefmes Emaux. Par
ce moyen il n'y a que huit fortes de
coups , qui puiffent eftre bons.

1. Or & Azur. ou   Iaune & bleu.
2. Or & gueules.   Iaune & rouge.
3. Or & finople.   Iaune & vert.
4. Or & fable.   Iaune & noir.
5. Argent & azur.   Blanc & bleu.
6. Argent & gueules.   Blanc & rouge.
7. Argent & finople.   Blanc & vert.
8. Argent & fable.   Blanc & noir.

Quand les deux dez fe trouveront tournez de quelqu'vne de ces manieres , on
fe marquera fur le premier ecuffon Mar-
qué des mefmes Emaux , & en mefme
temps celuy qui a joüé avec vne petite
Lance en main touche cét ecuffon , &
dit , par exemple , *Ie touche* à l'Ecu de la
Maifon de *Cornaro* , parti d'or & d'azur.
I I.   Si du premier coup on iette or &

argent,

argent , ou jaune & blanc , on ira d'a-
bord à l'Ecu de Ieruſalem qui eſt com-
poſé de ces deux metaux , qui font des
armoiries à enquerre , comme parlent les
Maiſtres de l'Art du Blaſon , & on dira
en meſme temps, CROISADE DE
IERVSALEM, DIEV LE VEVT,
& ſi l'on demande pourquoy on dit ces
mots , on répondra que Godefroy de
Boüillon chef de la celebre Croiſade
qui ſe fit pour delivrer la Terre ſainte
des mains des Sarrazins , prit pour cry
de guerre de cette expedition , DIEV
LE VEVT , & s'eſtant rendu mai-
ſtre de la Ville de Ieruſalem , il prit
ces armoiries de metal ſur metal ; afin
que ceux qui les verroient , & qui de-
manderoient la cauſe de cette pratique
contraire aux lois heraldiques , appriſ-
ſent qu'il avoit fait à deſſein pour faire
connoître qu'il avoit pris Ieruſalem.

En quelque coup que ce ſoit que l'on
amene ces deux metaux , pourvû qu'on
n'ait pas encore paſſé l'Ecu de Ieruſalem
on s'y va placer , & on tire vne des marques du jeu pour les frais de ſon voyage;
mais ſi apres l'avoir paſſé on iette encore
les meſmes Emaux , on y retournera
comme Pelerin , & on fait offrande au
S. Sepul

S. Sepulchre mettant vne marque au jeu,
& demeurant vn coup fans joüer pour attendre vne occafion fauorable d'en fortir.
quand on aura paffé la premiere dignité
qui eft celle de Prefident on ne retourne
plus à Ierufalem , quand on iette or &
argent, mais on perd feulement le coup,
comme quand on amene couleur & couleur, finon que l'on aille à Ruffola apres
auoir paffé le Conneftable , iettant azur
& gueule , auquel cas pour enquerir on
retourne à Ierufalem à caufe de la fauffe-
té des armes.

III.　Autant de fois que l'on iette couleur & couleur, le coup eft perdu , &
l'adverfaire doit dire , FAVSSETE'.
Pour faire cónoître qu'il n'eft pas permis
de mettre en armoiries couleur fur couleur , & on demeure vn coup fans joüer ;
mais fi les deux Dez, font tournez de
mefme couleur , ou de mefme metal ,
comme or & or, bleu & bleu , que l'on
dit azur & azur , on perd feulement ce
coup là qui ne fert de rien.

IV.　Quand on arrive aux premiers
honneurs, c'eft à dire aux armoiries de
Prefident , premier Prefident, Chancel-
lier, Chevalier, Marechal de France , &
Conneftable, on joüe deux fois de fuite.
V. Quand

V. Quand celuy qui joüe va toucher au mesme ecuſſon, où vn autre eſt déja placé, celuy que l'on en chaſſe, doit payer & prendre la place de celuy qui l'a chaſſé.

VI. Quand on arrive à Roture, l'adverſaire doit chaſſer honteuſement celuy qui a fait Roture, & apres deux coups qu'il demeurera ſans joüer le faire payer pour ſe rehabiliter en recommençant.

VII. Qui arrive à Baſtardiſe paye, & attend vn coup de joüer demandant legitimation.

VIII. Qui arrive à famille eſteinte paye, & attend deux coups de joüer demandant de relever banniere pour prendre le nom, & les armes de la maiſon eſteinte.

IX. Qui arrive à felonnie paye, & y demeure priſonnier, comme traiſtre degradé de Nobleſſe, dont les armoiries ont eſté briſées, & ne s'en peut plus tirer, qu'vn autre ne tombe dans le meſme crime prenant ſa place.

L'Ecuſſon de Maiſon eſteinte eſt renverſé; parce qu'on l'enterre avec le dernier de la famille, & on le repreſente renverſé ſur ſon tombeau. Celuy de felonnie eſt renverſé & briſé; parce que
l'execu

l'executeur de iuſtice le foule aux pieds, & le briſe, quand vn Gentil'homme eſt declaré traiſtre & degradé de Nobleſſe.

X.   On peut gagner en trois manieres, ou arrivant au Pavillon Royal de France, ou à celuy de l'Empire, ou à la Chaire de S. Pierre. Qui depuis l'ecuſſon·du Conneſtable iette deux fois de ſuite or & azur a gagné ; parce que la premiere fois il arrive aux armoiries du Dauphin, & doit dire M O N T - I O Y E S. G E O R G E, qui eſt le cry de guerre des Dauphins, deſlors il ne peut plus reculer, perdant ſeulement les coups auſquels il iette autre choſe qu'or & azur. Quand il touche enfin au Pavillon Royal il dit, MONT-IOYE S. DENIS, qui eſt le cry de France, & tire le jeu.

X I. Si eſtant arrivé au Conneſtable, ou aux ecuſſons qui le ſuivent, il iette tout autre choſe qu'or & azur, il peut prendre le parti qu'il voudra de l'Egliſe, ou de l'Eſpée, ſe plaçant ou d'vn coſté ou d'autre ſur l'Ecu des Emaux qu'il a iettez, & alors il doit dire, Ie prens le parti de l'Eglise, ou bien Ie prens le pa ti de l'Espe'e. Quand du coſté de l'Egliſe on eſt arrivé au Cardinal on ne recule plus, de meſme quand

on

on eſt arrivé à l'Electorat de Baviere du
coſté de l'Eſpée ; parce que le Cardinal
& l'Electorat ſont les degrez les plus
proches à la Papauté & à l'Empire : pour
les autres quand on y eſt arrivé, & que
l'on iette des Emaux qu'on ne trouve
plus en avançant, il faut reculer ſur les
meſmes Emaux, par Exemple, eſtát à l'Archevéque, dont les armoiries ſont or &
ſinople, ſi on le iette vne autrefois il faudra reculer à Bourlon, ainſi des autres :
& s'il arrive que l'on recule au delà du
parti que l'on avoir pris de l'Egliſe ou
de l'Eſpée, on peut .changer de parti ſi
l'on veut en avançant de nouveau.

XII. Quand apres avoir paſſé le Conneſtable, on amenera azur & gueules,
on ira à Ruſſola, & parce que l'Ecu eſt
à enquerir de couleur ſur couleur, on re-
culera à Ieruſalem. Si on amene ſinople
& ſable, on fera roture pour laquelle on
payera, & apres il faudra recommencer.

XIII. On peut joüer deux, trois ou
quatre, & meſme plus grand nombre ſi
l'on veut, quoy que la confuſion eſt vn
peu à craindre en vn plus grand nombre
de joüeurs.

XIV. Si

XIV. Si l'on n'a pas des dez marquez des Emaux du blason, on peut ioüer auec les ordinaires determinant les couleurs par les points.

Or.   Gueules.

Argent.   Sinople.

Azur.   Sable.

ARMOIRIES BLASONNE'ES.

CORNARO, parti d'or & d'azur.

ZVLIANI, coupé d'argent & de sinople.

FIRMO, tranché d'or & de gueules.

N. taillé d'argent & de sable.

TORNAQVINCI, écartelé d'or & de sinople.

GVIDI, écartelé en sautoir d'argent, & de gueules.

GALILEI, parti, coupé, & tranché d'argent & d'azur.

BASADONA, parti, coupé, tranché, taillé d'argent & de sable.

CHASTELLIER, d'or au chef de sable.

MEYSERIA, de sinople au pal d'argent.

DE VAVL, de sable à la bande d'argent.

VILLIER LA FAYE, d'or à la fasce de gueules.

RAPPACH, d'argent à la barre de gueules.

VASTINES, d'argent à la bordure d'azur.

GORREVOD, d'azur au chevron d'or.

LA

La Gviche, de sinople au sautoir d'or.

Bretagne, d'Hermine, ou d'argent aux Mouchetures d'hermine de sable.

Loheac. Vairé d'argent & d'azur.

Ventadovr, échiqueté d'or & de gueules.

Chantelov, lozangé d'or & de sable.

Geneve, cinq points d'or equipolez à quatre d'azur.

Crespin dv Bec, fuselé d'argent & de gueules.

Monceav, d'argent fretté de sinople.

Cryssol, fascé d'or & de sinople.

Iervsalem, d'argent à vne croix potencée d'or accompagnée de quatre croisettes de mesme.

Hotman, parti emanché de huit pieces d'argent & de gueules.

Pellot, de sable à vne tierce d'or.

Cormes, d'argent à 3. jumelles de sable.

Charlot, d'argent à l'orle d'azur.

Arces, d'azur au franc quartier d'or.

Vavgriguevse, de sinople à la croix d'or.

Offerbach, de sinople à la barre ondée d'argent.

Hameyde, d'or à trois hameides de gueules.

N...... Or & Sinople Felonnie.

Brieve

BRIEVX, d'argent à trois tourteaux de fable.

VIRIEV, de gueules à trois vires d'argent l'vne dans l'autre.

MALESTROIT, de gueules à neuf befans d'or 3.3.3.

LOOSE de finople à neuf billettes d'argent 3.3.2.1.

SOVYNERET, de fable à trois ruftres d'or.

COVVRAN, d'or à fept macles d'azur 3.3.1.

FONTENAY, d'azur à cinq annelets d'argent en fautoir.

COSSE', de fable à trois fafces danchées par le bas, ou 3. feüilles de fcie d'or.

MESSIRE NICOLAS PRVNIER MARQVIS DE VIRIEV, PRESIDENT AV MORTIER, de gueules à la tour donjonnée d'argent, l'ecu foûtenu du manteau fourré de petit gris, couronné du mortier, marque de Prefident.

DES ECVRES, de finople à la croix ancrée d'argent, chargée en cœur d'vne eftoile de fable.

DV HOVLLE de finople à la croix engreflée d'or.

MALET SIRE DE GRAVILLE, de gueules à trois fermaux d'or.

GERESME, d'azur à 3. fers de moulin d'or.

BRIE

BRIE SABLONNIERE, d'azur à deux haches d'armes addossées & posées en sautoir d'argent.

MESSIRE GVILLAVME DE LAMOIGNON, PREMIER PREESIDENT AV PARLEMENT DE PARIS, lozangé d'argent & de sable au franc quartier d'Hermine, l'ecu embrassé du manteau d'écarlate fourré d'hermine & de petit gris auec les 3. galons d'or sur le reply, le mortier de velours noir à double galó d'or.

AMELOT d'azur à 3. cœurs d'or & vn Soleil de mesme en chef.

FEIRTAGER de sable à deux croissans addossez d'argent.

BAVX de güeules à l'Estoile de seize rais d'argent.

LVSAC de sable à neuf Estoiles d'or. 3.3.3.

CHOMEDAY d'or à 3. flâmes de güeules.

MESSIRE PIERRE SEGVIER, CHANCELLIER DE FRANCE, d'azur au chevron d'or accompagné de deux Estoiles de mesme en chef, & d'vn Agneau d'argent en pointe, le mortier de toile d'or rebrassé d'hermine sur l'écu, les deux masses passées en sautoir derriere l'écu, & le manteau fourré d'hermine.

GILZE

GILZE, de sinople à trois fasces ondées
& flottées d'argent.

GENAS, d'or au geneft de sinople.

MARCILLAC, d'azur à trois rofes d'or.

LA MOTHE BLEQVIN, d'or à la quinte-
fücille de fable.

ARTEVELDE, de fable à trois guirlandes
d'argent.

ECHTER, famille efteinte en Franconie,
d'azur à la bande d'argent chargée
de trois annelets d'azur.

REVOL, d'argent à trois treffles de finople.

CREQVY, d'or au crequier de gueules.

NEPVEV, d'azur à trois pommes de pin
d'argent.

DV BVISSON, d'or à trois buiffons de
finople.

COMINGES, de gueules à quatre otelles
d'argent en fautoir.

TANQVES, d'or à trois tanches de gueules.

ROVHAVLT, d'argent à fix coquilles de
finople mifes en orle.

COLBERT, d'argent à vn ferpent tortillé
en pal d'azur.

PORCELET, d'or à vn porcelet de fable.

DE DRAC, d'or au dragon de finople couronné de gueules.

BAR

BAR, d'azur à deux bars addoſſez d'or.

M. LE MARECHAL D'HVMIERE, d'argent fretté de ſable, l'ecu embraſſé du manteau doublé d'hermine, & armoyé, comme l'ecu ſur les replis.

CHASTEIGNER ROCHEPOZAY, d'or au lion poſé de ſinople.

CIREY, d'azur à deux levriers rampans, & affrontez d'argent accollez de gueules bouclez & cloücz d'or.

COCHEFILET, d'argent à deux leopards de gueules.

LANNOY, d'argent à trois lions de ſinople.

BRETIGNY, d'or au lion dragonné de gueules.

LEON, d'or au Lion morné de ſable.

MESSIRE ANNE DE MONTMORENCY, CONNESTABLE DE FRANCE, d'or à la croix de gueules cantonnée de ſeize Alerions d'azur.

IMPERATRIS, d'argent à l'aigle eployé de ſable.

BOVRLON, de ſinople au rais d'écarboucle d'or.

ERPINGHAM, de ſinople à l'ecuſſon d'argent & 8. merlettes de meſme en orle.

BASTARDISE, écartelé de gueules, & d'argent au filet de ſable brochant ſur le tout.

M. LE

M. LE DVC D'ORLEANS , d'azur à trois fleurdelys d'or au lambel d'argent , cét ecuſſon eſt pour argent & azur.

RVFFOLA , d'azur à la bande de gueule.

ROTVRE , parti de ſinople , & de ſable à divers outils de meſtiers.

M. LE DAVPHIN , écartelé de France , & de Dauphiné avec la couronne des Dauphins , & les colliers des ordres , comme Chevalier nay.

LE PAVILLON ROYAL.
DE FRANCE.

DIE SCHADEN , d'or à vne femme de Carnation veſtuë à l'Allemande , de gueules les cheveux epars tenant deux guirlandes d'argent.

DIE EBRON V̄ Vvildenberg , taillé crenelé d'argent & d'azur.

VVISSENKERKE BARON DE PELLEN-BERG , aux Pays bas , d'argent au fermail en lozange de gueules , avec le bonnet de Baron à la Flamande ſur l'ecuſſon.

CLERQVE , parti emanché d'or & de ſable de huit pieces , avec la couronne de Vicomte , & la croix de S. Iaques accollée derriere l'ecu.

OIGNIES de ſinople à la faſce d'Hermines , & la couronne de Comte.

BOIS

BOISCHOT, d'or à trois fers de Moulin en sautoir d'azur, la couronne de Marquis.

BOVRNONVILLE, de sable au lion d'argent couronné d'or armé, & lampassé de mesme la couronne ducale.

STIRIE, de sinople au griffon sans ailes d'argent iettant par la bouche vn feu naturel, la couronne antique à pointes sur l'ecu.

BAVIERE, fuselé en bande d'argent & d'azur, le bonnet Electoral sur l'armoirie.

BOHEME, d'argent au lion de gueules la queüe fourchée, & noüée passée en sautoir couronné d'or, la couronne Royale sur l'ecu.

LE PAVILLON DE L'EMPIRE, or & sable.

LA CONGREGATION DES PRESTRES DE ROME, d'or à la croix de sable accompagnée de quatre S. de mesme l'Estole autour de l'ecu.

CAZVFFI, de gueule à la fasce ondée d'argent, l'ecu embrassé de l'Aumuce de Chanoine vn calice au dessus : cet ecusson est tiré de dessus vn tombeau d'vn Chanoine de Trente.

THESAN, ecartelé d'or & de gueules avec la croix de Commandeur de Malthe.

VBAL

VBALDINI, d'argent au maſſacre de Cerf d'azur , l'ecu a les marques de Prieur le baſton bourdonné & le chappellet.

PANCIATICHI, d'argent & de ſable avec la croſſe & la mitre, Marques d'Abbé.

GIROLAMI , d'argent au ſautoir de ſinople , vne petite mitre en chef, le chapeau , la mitre , & la croſſe marques d'Evéques.

TRIVVLCE , pallé d'or & de ſinople , la croix d'Archevéque derriere l'ecu , & le Pallium autour.

NEVFVILLE , d'azur au chevron d'or, accompagné de trois croiſettes an-crées de meſme avec la double croix, pour MESSIRE CAMILLE DE NEVFVILLE, Archevéque de Lion Primat.

MAYENCE, de gueules à la roüe d'or, les marques de Prelat Electeur & Sei-gneur Temporel, la mitre, la croſſe & l'Eſpée.

GONDY , d'or à deux maſſes d'armes de ſable liées de gueules , le chapeau de Cardinal , pour MONSIEVR LE CAR-DINAL DE RETS.

LE PAPE CLEMENT X. d'azur à ſix Eſtoi-les d'argent en orle vne filiere engrelée de meſme, avec la Thiare,& les clefs.

F I N.